Die kreative Frau

Festliche Tage festlich gestaltet

MOEWIG

Fotos und Ideen im Innenteil:
Archiv der Redaktion Kreative Frau, Verlagsgruppe Heinrich Bauer (S. 33, 35, 37, 39, 41, 43, 45, 47, 49, 51, 53, 54, 55, 56, 57, 59, 61, 63, 65, 67, 75, 77, 79, 81, 85, 87, 89, 91)
Rayher Hobby (S. 7, 9, 11, 13, 15, 17, 19, 21, 23, 25, 27, 69, 71, 73)
Apart Stoll (S. 29, 31, 83)
Krömer-Zolnier (S. 93)

Originalausgabe

Text und Zusammenstellung: Karola Kimmerle
Redaktion: Dr. Petra Gallmeister
Umschlagentwurf und -gestaltung: Werbeagentur Zeuner, Ettlingen
Umschlagfotos: Redaktion Kreative Frau, Verlagsgruppe Heinrich Bauer (Vorderseite), Rayher-Hobby (Rückseite)
Auslieferung in Österreich: Pressegroßvertrieb Salzburg Gesellschaft m.b.H., Niederalm 300, A-5081 Anif
Printed in Germany 1990
Druck und Bindung: Druckhaus Kaufmann, Lahr / Schwarzwald
ISBN 3-8118-8346-1

Inhalt

Vorwort

Große Feste markieren bedeutende Ereignisse unseres Lebens, wie die eigene Hochzeit oder die der Tochter, die Taufe des ersten Kindes. Später folgt die Kommunion/Konfirmation. Im engen Freundeskreis wird ein Jubiläum oder gar die Silberhochzeit gefeiert. Wie gestaltet man solche Feste, damit sie gebührend begangen werden? Dieses Buch möchte Ihnen nicht mit Rezepten dienen oder steife Formen nahebringen, sondern ganz konkrete Hilfestellungen geben: Die passende Dekoration für den Tisch, Blumenarrangements und Gestecke für jeden Anlaß können Sie anhand der Anleitungen nachmachen.
Doch nicht nur für solch seltene Gelegenheiten finden Sie hier Anregungen: Frühjahr und Ostern halten mit ein paar Kniffen Einzug in Ihre Wohnung. Im Sommer könnten Sie ein »Schmetterlings-Fest« veranstalten. Und wenn die Abende länger werden, treffen Sie sich mit Ihren Freunden und Verwandten zu einer gemütlichen Runde im warmen Kerzenlicht der selbstgetöpferten Windlichter. Türkränze, die nicht nur im Dezember Wohnungstüren zieren, begrüßen willkommene Gäste.
Ganz wichtig ist natürlich die Weihnachtszeit: Gestalten Sie Ihre Umgebung besonders festlich mit Gestecken, Adventskränzen und Rauschgold-Engeln. Damit die Kinder in die Vorbereitungen einbezogen werden, sollten Sie einige Vorschläge mit ihnen gemeinsam angehen. Sicher helfen die Kleinen gern beim Herstellen des Baumschmucks.

Festliche Tischdekorationen

Bei festlichen Anlässen wie einer Hochzeit oder der Kommunion gestalten Sie mit dieser Dekoration einen Tisch besonderer Art. Das Brautpaar bzw. das Kommunion-Kind bekommt ein Sektglas mit einem kleinen Blumenstrauß. Wer sich besonders viel Mühe geben will, stellt jedem Gast ein solch zauberhaftes Glas an seinen Platz. Ein »Muß« ist natürlich das kleine Blumengebinde für die Servietten. Verteilen Sie mehrere Kerzen und auch lose Blüten auf dem Tisch.

Material:
Kunst- und Seidenblümchen (von Rayher, Hobby- und Bastelbedarf) nach Wunsch. Verwendet wurden Wicken, Myrtenblütenzweig, Seiden-Buchszweig, Kunst-Stripgras, 5 cm und 7,5 cm breite weiße Dekobänder, ein 2 cm großes Perlherz und ein 1,5 cm großes Perldoppelherz, ein Myrten-Blütenkränzchen, eine weiße Kerze und ein flacher Glas-Kerzenständer, schmales weißes Bändchen, dünner Blumendraht.

So wird's gemacht:
Binden Sie für das Arrangement im Sektglas aus den beiden breiten Bändern Schleifen, und drahten Sie diese. Die Blüten und Blätter werden in der Hand zusammengefaßt; dabei die Schleifen mitfassen. Mit Blumendraht oder einem Bändchen das Gebinde zusammenhalten.
Das Sträußchen für die Serviette legen und mit schmalem Bändchen umwickeln, damit es nicht aufgehen kann. Legen Sie das Sträußchen auf die gefaltete Serviette, und wickeln Sie ein Bandende um diese. Auf der Vorderseite über den Blütenstielen eine Schleife binden. Zartes Band über die Serviette legen und für die Braut bzw. das Kommunion-Kind Perlherzen darauf legen. Ein fertiges Kränzchen für die Kerzen verwenden.

Ein Gedeck für das Brautpaar

Ob Sie zu Hause oder in einem Lokal feiern: Der Ehrenplatz verdient eine außergewöhnliche Dekoration. Das selbstgefertigte Gesteck mit dem kleinen Brautpaar ist hierfür genau richtig. Fertigen Sie es zu Hause, und nehmen Sie es einfach mit in das Lokal. Die kleinen Sträußchen für die Servietten, die bei so hohen Anlässen aus Stoff sein sollten, stecken Sie nachträglich in alle gefalteten Servietten. Wer auswärts feiert, sollte dem Wirt mitteilen, daß er kleine Servietten-Sträuße zumindest für die Ehrengäste und ein Brautgesteck besorgt.

Material:

Sie erhalten die angegebenen Kunstblumen (von Rayher) im Bastel- und Hobbygeschäft. Wie viele Ringe Sie benötigen, liegt an Ihren persönlichen Vorstellungen. Basisgestell »Ring«, Rosenzweig, Glöckchenstrauch, Buchszweig (vierteilig), Satinblätter, Marathenzweig, Artischockenherzen, Hochzeitspaar von 9 cm Größe, Ringe mit Taube, Tüllband mit Tupfen, 3,6 cm breites Satinband, Blumendraht.

So wird's gemacht:

Das Gesteck wird um den Ring gearbeitet, teilweise müssen die Stiele gekürzt werden. Binden Sie die Zweige mit Blättern nur mit ihrem einen Ende fest, und legen Sie die überhängenden Teile später lose auf den Tisch. Zwei Ringe mit Tauben sitzen oben am Ring, zwei werden vor das Brautpaar gelegt.

Die Sträußchen für die Servietten mit dünnem Blumendraht binden und in eine Serviettenfalte stecken. Arbeiten Sie dem Brautpaar auch hier Ringe ein.

Kränzchen für den Ehrengast

Braut- und Kommunion-Kind – sofern es sich um ein Mädchen handelt – werden sich gleichermaßen über solch ein Kränzchen freuen. Da es aus Kunstblüten gebunden wird, bleibt es zur steten Erinnerung erhalten.
In die Mitte des Kranzes können Sie eine dicke weiße Kerze stellen. Schön wirkt der Kranz auf der Kaffeetafel, vor dem Gedeck des Ehrengastes plaziert, aber auch auf einer Kommode in der Nähe der Tür. Wie wär's, wenn Sie den Eingangsbereich zur Feier des Tage schmückten? Stellen Sie das Kränzchen mit Kerze auf ein Schränkchen im Flur, und verteilen Sie kleine Blüten und Rosen um den Kranz. Perfekt wird der Empfang der Gäste, wenn Sie den Sekt im Eingangsbereich servieren. Wie Sie beispielsweise eine Sektflasche dekorieren, sehen Sie auf Seite 13.
Nicht vergessen: Sind Kinder anwesend, müssen auch sie gebührend empfangen werden – mit einer schön angerichteten Saftkaraffe.

Material:
Wer das Kränzchen nicht fertig kaufen möchte, kann es aus Rosenblüten und -knospen, Satinblüten, Schleierkraut, Buchsbaum, 1 Perlenstrang und 15 cm breitem weißem Tüllband binden. Sie benötigen außerdem 1 Trockensteckkranz von 20 cm Durchmesser, Blumendraht und Kommunionkind (Braut).

So wird's gemacht:
Die Kunstblumen laut Foto auf dem Trockensteckkranz anordnen. Teilweise müssen die Blütenstiele gekürzt oder mit Blumendraht verlängert werden. Aus dem Tüll kleine Schleifen legen, andrahten und in den Kranz stecken. Zum Schluß die Figur anbringen und um den Kranz Tüll verteilen.

Sektflasche mit Lilien

Große Feste beginnen mit einem kleinen Empfang: ein Glas Sekt, vielleicht mit einem Schuß Cassis in »Kir Royal« verwandelt, für kleine Gäste ein erlesener Saft oder Mineralwasser mit Cassis – ganz wie die »Großen«.
Egal, was Sie servieren – tun Sie's stilvoll: Stellen Sie eine Flasche schön dekoriert, mit einem edlen Glas daneben, auf den Tisch. Die übrigen Gläser stehen auf einem Tablett, weitere Flaschen etwas im Hintergrund. Sehr schön wirken viele kleine, zwischen den Gläsern verteilte Einzelblüten. Wer, wie auf dem Foto, weiße Lilien wählt, sollte auch hiervon noch zwei, drei Blüten lose auf den Tisch legen. Verwenden Sie für die Dekorationen ruhig Stoffblumen, damit das prachtvolle Arrangement auch den ganzen Tag hält.

Material:
Lilien, Kunst-Stripgras, Schmuckfedern, 4 mm dicke Deko-Perlenkette, 15 cm breiter Tüll, 8 mm breites Taftband, 2 cm große Perlherzen und 1,5 cm große Perldoppelherzen, Klebstoff.

So wird's gemacht:
Binden Sie eine große Tüllschleife, legen Sie Stripgras, die Perlenkette, eine Lilie und Federn über die Schleifenmitte, und binden Sie alles mit Taftband fest. Ein Bändchenende um den Flaschenhals legen, dicht an der Flasche einen Knoten machen und die übrigen Bändchen lose hängen lassen. An der zweiten Blüte mit Taftband eine Feder und ein paar Stripgräser befestigen. Zum Schluß die Herzen mit wenig Klebstoff auf der Tüllschleife anbringen.

Zur Taufe der Tochter

Endlich ist es soweit: Das Töchterchen wird getauft. Begehen Sie diesen Anlaß mit einer ganz besonderen Dekoration, die Sie auch in ein Lokal mitnehmen können. Ein Blütenkranz für die stolzen Eltern, vielleicht auch für die Großeltern, Blumen für jedes Glas und jede Serviette: Mit solch einem festlichen Tisch werden Sie alle begeistern.

Material:

Trockensteckform, Birkenscheibe, 7 cm große Kinderwiege in Rosa, Bellis und Begonien in Rosa, Ligusterzweig, Tüll-Tuff, 2,5 cm breites Herzband, eventuell Verzierwachs und 1 weiße Kerze für die Taufkerze.

So wird's gemacht:

Auf der Trockensteckform die Blüten und Zweige anordnen; dafür teilweise die Blütenstiele kürzen. Zum Schluß Tüll-Tuffs im Gesteck anbringen, das Bukett auf die Birkenscheibe und die kleine Wiege in die Mitte stellen.

Für Gläser und Servietten kleine Sträußchen legen und mit Schleifenband umwickeln. Die Sträußchen für die Gläser mit dem Band am Glas befestigen. Binden Sie die Servietten-Sträuße mit dem Band am Serviettenring fest.

Die Kerzendekoration können Sie mit goldenem Verzierwachs fertigen.

Nina
14. 2.
1990

Taufe in Blau

Für die Kaffeetafel besonders geeignet sind Gestecke wie auf dem Foto: Zwei bis drei dieser zarten Blütenarrangements aus Trockenblumen lassen die Tafel in einem festlichen Licht erscheinen. Kleine Störche müssen nicht auf jedes Gesteck: Sie können die Figuren auch nur in dem Gesteck auf der Tischmitte, in der Nähe der Eltern, anbringen. Dieses Bukett wirkt auch in Rosa wunderschön: Tauschen Sie die kleinen blauen Blüten und Bändchen aus. Natürlich sind in diesem Fall rosafarbene Tischkärtchen angebracht.

Material:

Trockensteckmasse, Korkscheibe, Bändchen, kleine Blüten und weiße, größere Blumenarten, Blätter nach Wunsch, Kunst-Stripgras, Tischkärtchen mit Wiegenmotiv, weißer Tüll mit Tupfen, 2 Störche (von Rayher, Hobby- und Bastelgeschäfte), weiße Kerzen, Blumendraht, Klebstoff.

So wird's gemacht:

Zunächst die Kerze in die Mitte der Trockenmasse stellen, dann Blumen und Blätter darum anordnen. Achten Sie dabei darauf, daß das Arrangement halbrund wird. Zum Schluß einige längere Blüten und die Störche anbringen. Zwei große Schleifen mit langen Bandenden binden, andrahten und in das Bukett stekken. Auf die Mitte eines Tüllstükkes eine Blüte legen, den Blütenstiel um die Mitte wickeln und den Tüll auf das beschriftete Tischkärtchen kleben.

Karin

Kommunion

Sicher können Sie alles fertig kaufen: Kränzchen, Blütenbroschen für die Tochter und Anstecknadeln für den Sohn. Etwas ganz Besonderes hat Ihr Kind aber, wenn Sie diese Accessoires selbst fertigen. Verwenden Sie nur edle Satinblüten und zarte Bändchen, dann wird Ihr Kind lange Freude daran haben.

Material:
Satin-Rosenknospen, Satinblüten, 5 cm große Spitzenblätter, Perlenband, Organdy-Band, 3 mm breites Satinband, 8 mm breites Taftband, Federn, Blumendraht, Sicherheitsnadel.

So wird's gemacht:
Für das Kränzchen aus doppeltem Blumendraht einen Ring legen und mit weißem Band umwickeln. Ordnen Sie Blüten und Blätter auf dem Ring an, und befestigen Sie die Stiele nach und nach mit weißem Bändchen. Dabei die Enden der Perlenbänder mitfassen. Die Bänder stehen bogenförmig nach innen ab. Zum Schluß eine große Taftschleife mit langen Bandenden am Kränzchen befestigen.
Fassen Sie für den Anstecker des Mädchens einige Blüten und eine Feder zusammen, und binden Sie dicht am Blütenende eine Schleife. Taftband zu einem Ring legen, das Sträußchen in die Mitte stecken und das Band am Sträußchen zusammenfassen. Mit Blumendraht vorsichtig binden und den Draht mit Band umwickeln. Auf der Rückseite eine Sicherheitsnadel anbringen.
Mit wenigen Blüten und etwas weißem Tüll fertigen Sie das Sträußchen für den Jungen. Verwenden Sie weißes Bändchen zum Binden des Ansteckers. Auch hier dient eine Sicherheitsnadel als Anstecknadel.

Lila für die Konfirmation

Zarte Blüten in verschiedenen Lilatönen und eine goldene Perlenkette verzaubern den Tisch des Konfirmanden zu einer wahren Festtafel. Ein Blütenkranz zeigt dem Ehrengast seinen Platz. Verteilen Sie mehrere hohe Glas-Kerzenständer mit kleinen Sträußchen auf der Tafel. Diese haben den Vorteil, daß sie weniger Platz als Blumengestecke benötigen und der Tafel einen sehr festlichen Anstrich geben.

Material:
Blumendraht, Rosenknospen, Satinblüten, Seidenblütenripse und -bündel, Kunst-Stripgras, 8 mm breites Taftband, Brokatblatt, Farnblatt, 4 mm dicke Dekokette in Gold, Schmuckfeder.

So wird's gemacht:
Legen Sie zwei bis drei Blumendrahtstücke zu einem Halbrund. Die Größe läßt sich am Teller gut bestimmen. Durch großzügiges Umwickeln halten Sie die Blumendrahtstücke zusammen, dann ordnen Sie die Blüten, Blätter und eine Schleife darauf an. Auch diese werden mit Blumendraht befestigt. Zum Schluß ein Stück des Perlenbandes lose auflegen.
Für den hohen Kerzenständer fassen Sie Blüten, Blätter, Stripgras, die Feder und die Perlenkette zu einem Strauß zusammen und umwickeln sie mit Blumendraht. Das kleine Sträußchen für die Serviette wird mit Bändchen gebunden.

Türschmuck zum Jubiläum

Nach einem alten Brauch wird die Eingangstür bei einem Jubiläum geschmückt. Feiert ein Paar Silberhochzeit, ist es üblich, daß Verwandte oder Freunde die Dekoration heimlich anbringen und so die Feiernden am nächsten Morgen damit überraschen. Handelt es sich um das Jubiläum eines einzelnen, zum Beispiel einen »runden« Geburtstag, halten Sie sich ebenfalls an diesen Brauch. Der Ehepartner hilft allerdings meist sehr gern bei der Aktion.

Material:
Halbmond aus künstlicher Tanne, Metallzahlen 2 und 5, Rosenzweig, Blätter, Buchsbaum, Kunst-Stripgras, Spitzenband, Silberband, 4 mm dicke Dekokette, für die Silberhochzeit 2 Ringe mit Tauben, Blumendraht.

So wird's gemacht:
Ordnen Sie auf dem Halbmond die Blüten und Blätter an. Eine große Schleife aus Spitzenband fertigen und zwei lange Silberband-Stücke anbringen. In der Schleifenmitte Rosen und Stripgras befestigen und die angedrahtete Schleife mittig auf den Halbmond setzen. Eventuell Ringe mit Tauben mit Garn an den Schleifenenden fixieren. Die Metallzahlen mit Buchsbaum dicht belegen und zum Schluß mit Perlenband umwickeln.

Tischgesteck in Gold

Zur goldenen Hochzeit, aber auch zum Jubiläum sollten Sie eine Ton-in-Ton-Dekoration bevorzugen. Wählen Sie Kerzen aus Bienenwachs: Die weiche Farbe und der Duft unterstreichen den festlichen Anlaß. Goldkerzen wären hier schon fast zuviel des Guten.
Jeder Gast erhält ein kleines Sträußchen, das er mitnehmen kann: Gern wird er sich an das Fest erinnern. Die Servietten werden mit kleinen Rosenknospen zusammengehalten und bleiben diesmal dezent im Hintergrund.

Material:
Diverse Kunstblüten und -zweige, z.B. Montpretie, Brokatrosen, zweifarbiger Ginster, Marathen-Zweige, Blätter, Weintraube, Goldband, Dekokette und -folie in Gold, Kerzenhalter, Birkenscheibe, Trockensteckmasse (von Rayher, Bastelgeschäft).

So wird's gemacht:
Legen Sie die Trockensteckmasse auf die Birkenscheibe, und ordnen Sie darauf zuerst die Marathen-Zweige, dann die Kerzenhalter an. Blüten, Blätter, Ginster und zwei Schleifen aus Dekofolie anbringen. Zum Schluß befestigen Sie die Weintraube und die Goldkette am Gesteck und bringen die Kerzen an.
Binden Sie kleine Sträußchen, die Sie neben jeden Teller legen. Für die Servietten wickeln Sie die Stiele von vier kleinen Rosen umeinander und fassen dabei ein Blatt mit. Biegen Sie die Stiele etwa zur Hälfte, und »klammern« Sie sie dadurch an der geknickten Serviette fest.

Zur Silberhochzeit

Die silberne Hochzeit sollte angemessen gefeiert werden. Dazu gehört natürlich ein Tischgesteck mit Zahlen. Rosa Blüten und Schleifen geben dem Arrangement eine festliche, aber nicht zu steife Wirkung. Lediglich in der Mitte finden sich silberne Röschen und Blätter, nach außen hin werden rosafarbene Blüten angebracht. Ein Taubenpaar bildet den Abschluß.

Material:

Basisgestell Herz, Jubiläumszahlen 2 und 5, rosa Taftband von 8 und 25 mm Breite, silberne Deko- oder Alufolie, Blumendraht, Taubenpaar, Kunstblüten und -blätter, z.B. Rosenzweig, zweifarbiger Ginster, Brokatröschen, Kunst-Stripgras, Caladium-Zweig.

So wird's gemacht:

Umwickeln Sie das Herz mit silberner Folie und anschließend mit schmalem Bändchen. Der untere Teil des Herzgestells wird mit den Blättern und Blüten reichlich besteckt. Aus dem breiten Taftband werden Schleifen gebunden, angedrahtet und dann im Gesteck angeordnet. Zum Schluß die Täubchen und die Zahlen anbringen.

Für die Servietten binden Sie kleine Sträußchen, die in eine Serviettenfalte gelegt werden. Fertigen Sie jedem Gast ein Sträußchen, das er zur Erinnerung nach Hause nehmen kann.

Frühlingstischdecke

Zaubern Sie ein bißchen Frühling in Ihre vier Wände: Auch schon die Zeit vor Ostern können Sie festlich gestalten und so die Vorfreude auf das kommende Fest steigern. Es bedarf nicht vielen Aufwandes, um eine vorösterliche, frühlingshafte Stimmung ins Haus zu bringen. Legen Sie eine weiße bodenlange Tischdecke auf einen kleinen runden Tisch. Eine quadratische, ebenfalls weiße Decke darüber wirkt besonders schön, wenn die Kanten farblich abgesetzt sind. Sie können die Überdecke mit einer Applikation aus pastellfarbenen Stoffen versehen. Stellen Sie ruhig schon jetzt einen Teller mit hartgekochten, aber ungefärbten Eiern auf Ihren Tisch. Grüne Zweige, z. B. Buchsbaum, frischen das Arrangement auf. Die Tischdecken können Sie fertig kaufen (Apart) oder selbst nähen. Und wer einen eckigen Tisch hat: Die kleine Decke einfach über Eck auf die große Unterdecke legen.

Material:
Für die Applikation der Überdecke benötigen Sie lediglich Stoffreste, Nähgarn, Haftvlies, Schneiderkopierpapier, Zeichenpapier und Schere, für die Kanten gelbes schmales Satinband im Deckenumfang.

So wird's gemacht:
Suchen Sie ein Motiv aus einer Anzeige, oder malen Sie selbst eins. Auf die Rückseite der Stoffreste Haftvlies bügeln, dann das vorgezeichnete Motiv durchpausen und ausschneiden. Bügeln Sie die Motive der Reihe nach auf die Decke. Mit dem zuunterst liegenden Teil beginnen, dann das nächste, das auch etwas über dem ersten liegen kann, aufbügeln. Sind alle Teile auf der Decke, applizieren Sie sie mit eng eingestelltem Zickzackstich in der entsprechenden Farbe. Auf dem Deckensaum, etwa 2 bis 3 cm von den Kanten, das Satinband an beiden Kanten knappkantig feststeppen.

Gelb-grüne Dekoration

Die Farbe des Frühlings ist Gelb: Fröhlich frisch, ohne aufdringlich-dominant zu sein, wird dieser Farbton bevorzugt im Frühjahr und Sommer eingesetzt. Auf Seite 28 diente Weiß als Grundlage. Diesmal ist die gesamte Dekoration in Gelb gehalten: Auf der dunkelgelben Unterdecke wirkt die pastellige Überdecke sehr weich und fängt so den intensiven Ton wieder auf. Kissen in Grün, Weiß und einem sonnigen Gelbton laden zu einem gemütlichen Kaffeeklatsch ein.
Wer die Tischdecken selbst machen möchte – es gibt sie auch fertig zu kaufen (von Apart) –, besorgt sich fertige Decken oder feste Baumwollstoffe.

Material:
Für die Applikation gemusterte Stoffreste, Nähgarn, Haftvlies, Zeichenpapier, Karton, Schere.

So wird's gemacht:
Die Kanten der Überdecke mit eng eingestelltem Zickzackstich und weißem Nähgarn entlang dem Saum hervorheben. Sie können auch schmales weißes Satinband auf den versäuberten und schmal eingeschlagenen Deckensaum steppen.
Für die Applikation malen Sie eine Eiform in der gewünschten Größe und übertragen sie auf Karton. Das Motiv auf die mit Haftvlies versehenen Stoffreste übertragen, zuschneiden und auf die Decke bügeln. Gräser frei auf den Stoffrest zeichnen und ebenfalls aufbügeln. Zum Schluß alle Teile mit eng eingestelltem Zickzackstich applizieren, dabei an einige Ei-Oberseiten Schleifenformen nähen. Diese können Sie mit farbiger Schneiderkreide oder sehr dünn mit einem weichen Bleistift vorzeichnen.

Schmetterlings-Dekoration

Schmetterlinge begleiten uns durch den ganzen Sommer. Es lohnt also allemal, die kleinen textilen Falter herzustellen. Vielleicht veranstalten Sie zu Beginn des Sommers auch mal ein Schmetterlings-Fest? Gestalten Sie die Gedecke auf dem Tisch, Blumenarrangements und vielleicht sogar einen Kuchen entsprechend. Perfekt wird's, wenn Sie die Gäste mit Schmetterlingskarten einladen.
Übrigens: Wer nicht so gern mit Stoffen arbeitet, fertigt die Schmetterlinge aus festem Tonkarton. Dieser läßt sich sowohl mit Lackmalstiften als auch mit Buntstiften farbig gestalten.

Material:
Je etwa 20 cm Satin in Schwarz und Rot sowie 60 cm in Gold, 120 cm breit, Haftvlies, aufbügelbares Volumenvlies, Nähgarn in Gold, Silber, Rot und Schwarz, goldene Wachsperlen mit Stiel (Bastelgeschäft), Blumendraht, Zange, Straßsteine, Paillettensterne, Papier, Bleistift; für die Eier Styroporeier, Ziermattfarben zum Grundieren und Lackfarbe in Gold, Rot und Schwarz, dicke und dünne Pinsel, feiner goldener Konturenstift (Lackmaler).

So wird's gemacht:
Die Schmetterlinge haben eine Spannweite von 10 cm. Knicken Sie das Papier, und zeichnen Sie das Motiv zur Hälfte vor, wobei der Körper am Bruch liegt. Für jeden Falter benötigen Sie zwei Zuschnitte: Auf eine Stoffhälfte jeder Farbe Volumenvlies bügeln, dann die zweite Stoffseite auflegen und den Schmetterling übertragen. Die Kontur mit Zickzackstichen nähen, dann die Falter zuschneiden. Weitere Verzierungen mit Zickzackstichen anbringen oder aufmalen. Wachsperlen als Fühler von Hand annähen. Paillettensterne und Straßsteine aufkleben oder -nähen und nach Wunsch verzieren. Blumendrahtstücke doppelt legen, von Hand an der Falterunterseite festnähen und beide Drahtenden miteinander verdrehen.
Für die Applikation Falter und Blumenteile mit Haftvlies auf das Set bügeln und im Zickzackstich applizieren. Die Eier in den gewünschten Farben grundieren und nach dem Trocknen die filigranen Motive mit Lackfarben aufmalen. Zum Schluß die Konturen vorsichtig mit dem Lackstift nachziehen.

Ganz grafisch: Ostertraum in Pastell

Wer es grafisch, aber nicht zu streng mag, wird sich für die Dekoration rechts entscheiden: Pastelltöne fangen die grafischen Formen auf, der Eindruck wird weicher, zarter. Silberfolie setzt glanzvolle Effekte auf die Eier. An das Nachmachen können sich übrigens auch Leute wagen, die es nicht so sehr mit dem freien Malen von Motiven haben: Rechtecke und Quadrate schafft jeder!

Material:

Für den Strauß weiße Styroporeier, Lackfarben in Weiß, Gelb, Rosé, Hellblau und Silber, Pinsel, feiner Konturenstift in Silber (Lackmaler), silberne Klebefolie, Rund- und Vierkanthölzer in verschiedenen Größen, kleine Schraubhäkchen, Handbohrer, Säge; für das Deckchen 60 x 60 cm dünner Stoff (Voile oder Organza), pastellfarbene Satinreste, Haftvlies, Silberfaden.

So wird's gemacht:

Grundieren Sie die Eier, und malen Sie nach dem Trocknen die geometrischen Formen auf. Erst wenn auch diese getrocknet sind, die Konturen mit dem Lackmaler nachziehen. Zum Schluß kleben Sie Rechtecke und Quadrate aus Silberfolie auf.

Für die Holzanhänger die Enden der Rund- und Vierkanthölzer schräg absägen und an einem Ende Löcher für die Schraubhäkchen vorbohren. Die Teile grundieren und nach dem Trocknen die Kanten der farbigen Anhänger mit dem Lackmaler nachziehen. Häkchen eindrehen.

Bügeln Sie die Kanten des Stoffstückes nach links, und nähen Sie den Saum mit Zickzackstichen in Silber fest. Auf die linke Seite der Stoffreste Haftvlies bügeln, geometrische Formen zuschneiden, die Motive auf das Deckchen bügeln und mit Zickzackstichen applizieren.

Eier-Post aus fernen Ländern

Zum Verschicken sicherlich nicht geeignet – aber für einen fröhlichen Ostertisch genau richtig: Serviettenringe, Eier und sogar die Stoffservietten werden hier zu einem munteren »Briefmarken-Tisch« zusammengestellt. Legen Sie die Eier in ein Körbchen, das mit zarten Japanservietten ausgekleidet wurde. Für die Serviettendekoration falten Sie feine Stoffservietten nach dem Bemalen auf und fassen sie in der Mitte zusammen. Fassen Sie eine farbige Papierserviette so mit, daß sie etwas übersteht, und stecken Sie alles zusammen in die selbstgemachten Ringe. Ein Rosen- oder Tulpenstrauß, am besten einen Ton dunkler als die Japanservietten, vollendet Ihren Ostertisch.
Übrigens: Briefmarken gibt es oft in Schreibwarenabteilungen der Kaufhäuser. Marken aus aller Welt, herrlich bunt und mit ausgefallenen Motiven, werden dort nach Gewicht verkauft.

Material:
Briefmarken, hartgekochte Eier und Plastikeier, schwarzer wasserfester Filzstift, leere kleine Dosen (z. B. von Tomatenmark), weiße Selbstklebefolie, Baumwollservietten, Stoffmalstift in Schwarz.

So wird's gemacht:
Die angefeuchteten Briefmarken auf die Eier kleben und mit dem Filzstift einen schwarzen Kreis als Stempel aufmalen. Schreiben Sie Städtenamen in die Stempel. Für die Serviettenringe Boden der Dosen entfernen, die Ringe mit Selbstklebefolie beziehen und rundum Briefmarken aufkleben. Vollendet wird die Tischdekoration, wenn Sie die Kanten von weißen Stoffservietten mit einem Briefmarkenrand in Form einer aufgemalten Zackenlinie versehen. Die trockene Farbe nach Herstellerangaben einbügeln; die Servietten sind danach waschbar.

DIEWEBER
NEW ZEALAND
MAGYAR POSTA
DEUTSCHE BUNDESPOST
SRI LANKA 6.00
USAirmail 44
TRANSPACIFIC AIRMAIL 1935

Für Weltenbummler: Internationale Ostereier

Weitgereiste und alle, die es gern sein möchten, freuen sich garantiert über ein so ausgefallenes Osterei, das Sie zum gemeinsamen Frühstück mitbringen. Und wenn Sie selbst der Gastgeber sind: Gestalten Sie den Ostertisch doch mal ganz international. Versehen Sie Plastik-Tischsets mit Selbstklebefolie, und malen Sie Schriftzeichen mit wischfesten Filzstiften auf. Je nach Ihren persönlichen Vorlieben wählen Sie als Tischdecke eine Lackfolie in einem kräftigen Rot- oder Gelbton oder sogar in Schwarz. Perfekt wird der Tisch, wenn Sie einen Strauß mit Wappen-Eiern gestalten. Er sollte möglichst klar sein – einige Zweige Korkenzieherhasel und wenige Tulpen oder Rosen in einem Farbton reichen dafür völlig aus.

Material:
Plastik-Eier, verschiedene Lackmalfarben, Lackmalstifte, wischfeste Filzstifte, weicher Bleistift.

So wird's gemacht:
Mit einem weichen Bleistift können Sie die gewünschten Motive dünn vorzeichnen. Anschließend bemalen Sie die Eier mit Lackmalfarben. Feine Linien werden mit Lackmalstiften, dünne schwarze Konturen mit wischfesten Filzstiften nachgezogen. Statt Plastik-Eiern eignen sich auch ausgeblasene Eier. Damit die Löcher nicht zu groß werden, perforieren Sie sowohl an der runden als auch an der spitzen Eiseite einen kleinen Kreis, indem Sie mit dem Eipickser Loch an Loch stechen. Den Kreis mit dem Pickser herausbrechen und mit einem langen Gegenstand – einer Stricknadel oder einem Schaschlikspieß – den Dotter durch vorsichtiges Rühren zerstören. Jetzt ist das Ausblasen ganz einfach. Spülen Sie die Eier gründlich durch, und lassen Sie sie vor dem Bemalen einen Tag austrocknen. So halten Ihre Kunstwerke auch bis zum nächsten Osterfest.

ORDEM E PROGRESSO

Osterstrauß mit Fesselballons

Leicht und frisch wirkt der Osterstrauß mit Fesselballons. Ganz wichtig für eine solche Dekoration: Wählen Sie für Ihren Strauß nur Zweige mit wenigen Blüten und etwas Strip- oder Bärengras. Blumen wären hier schon zuviel des Guten. Sehr schön sieht solch ein Strauß im Eingangsbereich aus. Stellen Sie daneben ein Körbchen mit bemalten Eiern, die ruhig aus Plastik sein können: Die Gäste sollen ja die Eier auf dem Tisch, nicht die Dekoration aufessen!

Material:
Weiße Plastik-Eier, Lackmalstifte oder Lackmalfarben und Pinsel, schwarzer Lackmalstift oder wischfester Filzstift, roter Faden, lange Nähnadel, bunte Plastik-Fingerhüte, Zahnstocher, Handbohrer, weicher Bleistift.

So wird's gemacht:
Zeichnen Sie mit einem weichen Bleistift die acht Farbfelder des Fesselballons vor. In jedes zweite Feld ein kleines Loch bohren, die nicht gebohrten Felder ausmalen. Mit Schwarz die Konturen nachziehen. Bohren Sie in jeden Fingerhut vier Löcher. Einen langen Faden verknoten, von innen nach außen durch das erste Loch eines Fingerhutes und von hier direkt in ein Loch im Ei, auf der gegenüberliegenden Seite wieder aus dem Ei stechen. Faden von außen nach innen in das dritte Loch des Fingerhutes ziehen und verknoten. Einen weiteren Faden durch die beiden anderen Löcher von Fingerhut und Ei ziehen. Zum Aufhängen den Faden mit einem Zahnstocher-Stückchen im Ei befestigen. Legen Sie Glaskugeln oder andere Kleinteile zum Beschweren in die Fingerhüte.
Mit Bleistift malen Sie auch die Muster der bunten Eier vor. Später werden die Felder ebenfalls vorsichtig mit dem Lackstift schwarz konturiert.

Segelboote aus Eiern

Begrüßen Sie das Frühjahr mit einem kleinen See, auf dem Segelboote schwimmen. Sie sind zwar aus Eiern, können aber ruhig auch vor und nach Ostern die Sonne zwischen den Wolken hervorlocken. Für den See benötigen Sie eine runde Glasschale, die Sie teilweise mit gewaschenen Steinen füllen. Geeignete Gräser finden Sie im Blumenfachhandel.
Veranstalten Sie doch mal ein Frühlingsfest: Der Strauß mit den Fesselballons von Seite 40 paßt hervorragend zu den kleinen Segelbooten.

Material:
Plastik-Eier, Lackmalstifte oder -farben und Pinsel, schwarzer Lackmalstift oder wischfester Filzstift, bunte Partyspießchen aus Plastik, durchsichtige Folie (z.B. Bürohüllen), farbige Selbstklebefolie, Styroporstückchen, 1 Kerze, kleine Säge, feines Schmirgelpapier.

So wird's gemacht:
Die Eier in der Mitte durchsägen und die Sägekanten mit Schmirgelpapier glätten. Sie können die Farbfelder mit einem weichen Bleistift vorzeichnen. Konturieren Sie die ausgemalten Felder schwarz. Zum Beschweren etwas Kerzenwachs in die innere Mitte der Eihälften geben und bemalte Styropor- oder Steckmoosstückchen darauflegen. Für die Segel schneiden Sie Foliendreiecke in Höhe der Spießchen zu und bekleben diese beidseitig mit farbiger Selbstklebefolie; dabei die Mitte freilassen. Befestigen Sie die Segel an den Spießen, indem Sie einen farbigen Folienstreifen um diese kleben. Segel in die Styroporstücke stecken.

Straß-Eier

Edel wirkt eine Schale mit Straß- und Pailletten-Eiern nicht nur auf dem Ostertisch. Sie bezaubert auch anstelle des Osterstraußes auf der Anrichte oder einer Kommode im Flur.

Material:

Eiformen aus Holz, Plastik, Glas oder Watte und entsprechende Klebstoffe, Bastelfarbe, Pinsel, Straßsteine, Miniperlen, Muschel- und andere Pailletten, Flitter, eventuell 1 Pinzette.

So wird's gemacht:

Bevor Sie mit dem Bekleben der Eiformen beginnen, müssen Sie diese gründlich reinigen. Verwenden Sie hierfür Spülmittel, damit die Eier auch garantiert fettfrei sind. Watte-Eier reiben Sie trocken ab. Sie sind zum Bekleben mit Straß sehr gut geeignet.

Plastik- und Holzeier können Sie gut grundieren. Sehr schön wirkt hier Silber. Erst wenn die Farbe gänzlich getrocknet ist, kleben Sie Straßsteine und Muschelpailletten einzeln auf. Mit Hilfe der Pinzette lassen sich die Schmuckelemente genau plazieren. Beim Verzieren mit kleinen Perlen streichen Sie etwa die Hälfte des Eies mit Klebstoff ein und streuen dann die Perlen auf. Drücken Sie sie vorsichtig mit den Fingerkuppen fest, und lassen Sie den Klebstoff trocknen, bevor Sie die andere Hälfte ebenso arbeiten.

Intarsien-Eier für rustikale Dekorationen

Lieben Sie es rustikal? Dann werden Sie sich für diese Holzeier mit Intarsien-Effekt begeistern. Ausgefallene Ornamente und Muster sowie die Holzstruktur verleihen ihnen einen leicht antiken Anstrich. Schreiben Sie auf die Eier Ihren eigenen Namenszug oder den des Beschenkten, und vermerken Sie die Jahreszahl – im Zweifel ganz klein, an einer fast unsichtbaren Stelle. So haben Sie eine wunderschöne Erinnerung.

Material:

Holzeier, wasserlösliche Beize (Mahagoni), Klarlack, schwarzer Folien- oder Tuscheschreiber, Pinsel, feines Schmirgelpapier, harter Bleistift.

So wird's gemacht:

Zunächst die gewünschten Zierelemente sowie Jahreszahl oder Namenszug mit Bleistift vorzeichnen und anschließend mit Klarlack und einem feinen Pinsel ausmalen. Nach dem Trocknen umranden Sie die Motive mit dem Folien- oder Tuscheschreiber. Erst jetzt tragen Sie die Beize in den Zwischenflächen auf, die dunkel werden sollen. Lassen Sie die Holzeier gut trocknen, bevor Sie sie mit Klarlack überziehen. Sind die Eier nicht glatt, werden sie anschließend leicht abgeschliffen und erneut lackiert. Wiederholen Sie diesen Vorgang, bis die Oberfläche Ihrer Intarsien-Eier ganz glatt und hochglänzend ist.

1988
Achim

Mit Pflanzen gefärbt: Eier in Gelbtönen

Mit Naturfarben eingefärbte Materialien haben in der Regel besonders harmonische Farben. Dies gilt nicht nur für Textilien und Holz: Auch mit Pflanzen gefärbte Eier erhalten eine zartere Farbstimmung als mit chemischen Farben behandelte. Dies bedeutet aber nicht, daß die Farben nur blaß oder pastellig werden. Sie können genauso intensiv, aber eben »weicher«, harmonischer sein.

Sowohl weiße als auch braune Eier lassen sich mit Pflanzenfarben behandeln. Experimentieren Sie ruhig damit: Sie werden sehr differenzierte schöne Gelbtöne erhalten.

Material:

Je 200 g getrocknete (Apotheke) oder 400 g frische Pflanzen: Johanniskraut, Schafgarbe, Rainfarn, Brennessel, Kamille, Eier. Intensive Gelbtöne erhalten Sie mit Kamillenblüten, grünliche mit Brennessel und Rainfarn.

So wird's gemacht:

Die Pflanzen über Nacht in reichlich Wasser einweichen und am nächsten Tag eine halbe Stunde auskochen. Die gut gereinigten Eier können Sie die letzten 5 Minuten mitkochen und anschließend im heißen Farbbad ziehen lassen, bis sie die gewünschte Farbtiefe haben.

Graublau-Färbungen für Ostereier

Besonders für das weitere Bemalen geeignet sind graublau eingefärbte Eier, die mit Beerensäften erzielt werden. Allerdings nehmen die Eier den Farbton nur schwer an, die Farbe sitzt gelatineartig auf der Schale und darf nicht abgespült werden. Sie verfestigt sich durch Trocknen, ist aber nicht kratz- und reibfest.
Die unterschiedlichsten Rottöne, Bronzeton und Violett hingegen werden wieder sehr gut von den Eischalen aufgenommen. Grundlage bilden Hölzer, Cochenille sowie Krappwurzeln, die Sie in Apotheken und Drogerien erhalten. Wußten Sie übrigens, daß es sich bei Cochenille um Läuse-Farbstoff handelt?

Färben mit Beerensaft:
Kochen Sie die Eier in Holundersaft oder blauem Traubensaft (Muttersaft aus dem Reformhaus), bis sie hart sind (etwa 5 Minuten). Lassen Sie sie anschließend noch mehrere Stunden liegen.

Rottöne durch Cochenille:
Etwa 10 g Cochenille eine Viertelstunde in Wasser auskochen, dann die hartgekochten Eier in den Sud legen, bis sie die gewünschte Farbtiefe haben. Die Eier nehmen die Farbe sehr schnell und auch dauerhaft auf. Sie erreichen rötliche Violettöne.

Rot und Violett mit Hölzern färben:
Jeweils drei Eßlöffel Rotholz und Blauholz genügen für einen mittelgroßen Topf, da beide Hölzer sehr ergiebig und stark färbend sind. Kochen Sie die Späne etwa eine Viertelstunde aus, und legen Sie dann die bereits hartgekochten Eier wenige Minuten in den Sud.
Unterschiedliche Rottöne erreichen Sie, wenn Sie braune und weiße Eier in Rotholz färben. Braune Eier werden im Blauholz-Sud sogar fast blauschwarz. Legen Sie fünf Eier in diesen Sud, um hellere Violetttöne zu bekommen.

Gold- und Bronzetöne

Interessante Farben erzielen Sie mit Zwiebelschalen: Die Palette reicht von Rost über Kupfer bis hin zu Goldtönen. Experimentieren Sie auch hier mit weißen und braunen Eiern und unterschiedlichen Färbezeiten. Eine weitere Möglichkeit, Färbungen zu verändern, ist das Nachfärben: Bereits gefärbte trockene Eier werden erneut in den Farbsud gelegt. Diese Variante können Sie übrigens auch bei den zuvor erwähnten Färbungen einmal ausprobieren.

Färben mit Zwiebelschalen:
Kochen Sie eine Handvoll Zwiebelschalen aus: Sie erhalten einen sehr intensiven Farbsud, in den die hartgekochten Eier gelegt werden. Bereits beim Auskochen der Schalen können Sie die ersten Eier färben, indem Sie sie mitkochen, bis sie hart sind.

Bronzerot durch Krapp:
Die Wurzel des Krapps ist sowohl in geschnetzelter Form als auch pulverisiert erhältlich, wobei das Pulver ergiebiger ist. Krapp sollte nicht über den Siedepunkt (etwa 70 Grad) erhitzt werden, wenn rötliche Töne erzielt werden sollen. Bei stärkerer Erhitzung entstehen eher bräunliche Farben. Interessante Lachstöne erreichen Sie durch Nachfärben.

Zauberhafte Windlichter

Auf der Fensterbank, einem Tisch in der Zimmerecke oder abends auf dem Balkon: Windlichter verbreiten eine warme, weiche Stimmung, die in der Übergangszeit besonders gemütlich ist. Sie können Töpferwaren übrigens in vielen Hobbygeschäften brennen lassen.

Material:
Gießton, Form, Gurt zum Zusammenhalten der Formteile, Töpfermesser, Plastikspachtel, Unterglasurfarbe (Stifte oder Pulver), Transparentglasur, Keramik-Zeichenstift, Nadel, Pappstreifen, schwarze Aufglasurfarbe und Pinsel.

So wird's gemacht:

Die beiden Formteile, gut gereinigt, mit dem Gurt zusammenschnüren und den gründlich durchgerührten Ton eingießen. Nach etwa 10 Minuten den Ton abgießen: Es bleibt nur eine mehrere Millimeter starke Schicht in der Form. Diese 45 bis 60 Minuten trocknen lassen, dann die Form öffnen. Bricht das Werkstück oder löst es sich nicht, war die Trockenzeit zu kurz oder die Wandung zu dünn. Mit dem Messer und einem Plastikspachtel den Halswulst entfernen und die Nahtstellen glätten. Die Flammen mit einer Nadel vorzeichnen und, ebenfalls mit der Nadel, ausschneiden. Den Grat mit dem Messer entfernen und die Kanten mit den Fingern sorgfältig glätten. Auf der Rückseite für das Teelicht eine Öffnung, die etwas über dem Boden sitzt, ausschneiden.

Nach dem Trocknen die Form bei 900 Grad schrühen. Legen Sie einen biegsamen Pappstreifen vom Bodenmittelpunkt zum gedachten Mittelpunkt der oberen Öffnung, und ziehen Sie die konischen, der Wölbung angepaßten Linien mit einem Keramik-Zeichenstift. Mit Unterglasurmalstiften die Flächen ausfüllen; dabei nur in einer Richtung arbeiten. Es können auch mehrere Farben übereinandergelegt werden. In diesem Fall die Glasur aufspritzen, da die Farbpartikel nur lose auf der Oberfläche liegen. Konturen nach dem Glasurbrand mit Pinsel und Aufglasurfarbe nachziehen und bei 770 bis 850 Grad brennen.

Sternentüte aus Ton

In der Adventszeit mit Weihnachtskugeln oder 24 Päckchen gefüllt, verschönert die Sternentüte die Vorweihnachtszeit. Aber auch für Hängepflanzen eignet sie sich sehr gut.

Material:
Feinschamottierter Ton, weiße Glasur, Tonroller, Modellierhölzer, Messer, Zeitungspapier, Karton, Bleistift.

So wird's gemacht:
Zeichnen Sie einen Stern auf Karton, und schneiden Sie ihn aus. Den Ton schlagen und kneten, bis er geschmeidig ist und die Lufteinschlüsse entfernt sind. Drücken Sie ihn mit dem Handballen grob in Form, und arbeiten Sie mit dem Tonroller eine 1 cm dicke Platte. Nun Zeitungspapier unterlegen, damit die Oberfläche glatter wird und die Platte beim Wenden nicht reißen kann; dann den Ton auf 3 mm Dicke ausrollen. Ein Rechteck von 37 x 35,5 cm zuschneiden und einen Trichter aus Zeitungspapier drehen. Zwei Schenkel, einen auf der Oberseite, den anderen auf der Unterseite, 1,5 cm breit aufrauhen, einen dieser Schenkel mit Schlicker bestreichen und die beiden Teile übereinanderlegen und zusammendrücken. Sofort den Papiertrichter einlegen und die Form abstützen, indem der gesamte Hohlraum mit zerknülltem Zeitungspapier ausgestopft wird. Jetzt können Sie Ihrem Objekt in aller Ruhe die gewünschte Form geben, Naht und Oberfläche säubern und glätten. Soll die Tüte

als Wandschmuck dienen, ein Loch in die obere Spitze stechen. Sechs Sterne aus einer 3 mm dicken Platte zuschneiden und mit Schlicker vorsichtig auf die Tüte drücken. Lassen Sie den Ton vor dem Schrühbrand trocknen. Bei 1060 Grad brennen.

Türkranz mit Kugeln

Es ist Brauch, in der Vorweihnachtszeit die Wohnung besonders zu schmücken. Damit die festliche Stimmung, die sich langsam im Haus verbreitet, auch auf die Besucher übergeht, werden Türkränze an die Wohnungstür gehängt. Üppige Schleifen, Kugeln und glitzernde Sternchen lassen den Türkranz im Abendlicht erstrahlen. Dabei ist es gar nicht so aufwendig, ihn herzustellen.

Material:
Strohkranz von 25 cm Durchmesser, Buchsbaumzweige, Blumendraht, Zange, rote Sternchen, umweltfreundlicher Klarlackspray, rotes und grünes breites Schleifenband mit leichtem Glanz, rotes Kräuselband, einige rote Kugeln in verschiedenen Größen.

So wird's gemacht:
Wie Sie einen Kranz binden, lesen Sie auf Seite 60. Türkränze werden rundum mit grünen Zweigen bedeckt.
Auf den fertig gebundenen Kranz Sternchen streuen und mit Klarlackspray überziehen. Lassen Sie den Lack trocknen, und klopfen Sie den Kranz anschließend vorsichtig ab, um lose Sternchen zu entfernen. Zunächst die grüne Schleife binden: Das Band groß aufrollen, so daß beidseitig der Mitte drei Schlaufen entstehen; ein langes Ende stehen lassen. Über die Mitte Blumendraht legen und das Band zusammenziehen. Nun die Schlaufen auseinanderziehen. Ebenso eine rote, etwas kleinere Schleife mit einer Schlaufe beidseitig legen, auf die grüne Schleife setzen und beide Schleifen mit Blumendraht zusammenbinden. Die Drahtenden auf der Rückseite miteinander verdrehen und die fertige Schleife in den Kranz stecken. Das lange grüne Bandende wird zum Aufhängen benutzt. Rote Kugeln auf Kräuselband unterschiedli-

cher Länge ziehen und die Bandenden mit Blumendrahtstücken unsichtbar unter der Schleife befestigen.

Grüner Türkranz

Etwas schlichter als der vorhergehende, doch keineswegs langweiliger ist dieser Türkranz von 30 cm Durchmesser. Er wird aus Tannenzweigen (Nobilis), Buchsbaum, Ilex, Veronika, Zypressen- und Kiefernzweigen gebunden. Kleine rote Lackperlen und helle Achellia finden Sie in reichlicher Auswahl in den Trockenblumen-Abteilungen. Zum Aufhängen legen Sie rotes Schleifenband um den Kranz und binden die Enden zu einer Schleife. Eine zusätzliche rote Schleife, die mit Blumendraht im Kranz befestigt wird, gibt dem Werk den letzten Schliff.

Kränze binden:
Sie können Kränze nach Ihren Vorstellungen in Gärtnereien und Blumenfachgeschäften binden lassen oder aber selbst binden. Dies ist gar nicht so schwer: Sie benötigen als Grundlage einen Strohkranz in der gewünschten Größe, beliebige Zweige wie Tanne, Buchsbaum, Thuja, Blumendraht, Zange, Plastik- oder Kreppband oder auch Schnur zum Binden.
Schneiden Sie die Zweige in 10 bis 15 cm lange Spitzen. Bei Adventskränzen, die auf dem Tisch stehen, die Unterseite beim folgenden Binden nicht mit Zweigen belegen. Tür- und hängende Adventskränze rundum bedekken: Schnur am Kranz befestigen, eine Lage Zweige um den Kranz legen und die Schnur um die Enden wickeln, um diese zu befestigen. Wickeln Sie die Schnur nun schräg nach hinten. Die Spitzen der nächsten Zweige überdecken die Schnittenden der ersten Lage. In dieser Art bedecken Sie den gesamten Strohkranz schuppenartig mit den Zweigen. Am Schluß die Spitzen der ersten Reihe anheben und die Enden der letzten darunter befestigen, damit sie unter diesen verschwinden. Das Schnurende gut verknoten. Stark abstehende Zweigspitzen können Sie mit kleinen, zu Ösen gebogenen Blumendrahtstücken am Kranz befestigen.

Edel mit Weiß und Silber

Eine ganz andere Art, Türkränze zu gestalten, sehen Sie hier: Große Silbersterne, kleine Kugeln und eine Sternenkette auf üppigem grünem Blattwerk erstrahlen, sobald ein wenig Licht auf den Kranz fällt. Er macht sich sehr gut auf Holztüren, aber auch in einer Zimmerecke, die mit wenig Licht angestrahlt wird.

Womit Sie den etwa 25 cm großen Kranz binden, hängt vom Angebot Ihres Gärtners ab. Um diese Jahreszeit ist die Auswahl an Zweigen mit größeren Blättern nicht allzu groß. Sollten Sie Schwierigkeiten bei der Beschaffung haben, weichen Sie auf Buchsbaumzweige aus, deren kräftiger Grünton sehr gut zu den vorgeschlagenen Farben paßt. Beim Binden (Seite 60) sollten Sie nicht alle abstehenden Spitzen nachträglich am Kranz befestigen: Lose hervortretende Blättchen wirken gerade bei einer so reichlichen Dekoration besonders schön.

Binden Sie zuerst eine üppige Schleife aus weißem transparentem Bändchen. Sie benötigen hiervon 2 bis 3 m. Zarte weiße Stoffblüten in der Schleife befestigen und die angedrahtete Schleife in den Kranz stecken. Zuvor sollten Sie das lange Aufhängband anbringen. Sehr schön wirkt Kräuselband, das zusätzlich in der Schleife angebracht wird. Nachdem Sie den Kranz mit einer Sternenkette, die es fertig zu kaufen gibt, umwickelt haben, bringen Sie die zu kleinen Gruppen zusammengefaßten Perlen an. Große Silbersterne aus Silberfolie oder silbernem Geschenkpapier, am besten mit Prägemuster, zuschneiden. Ziehen Sie dünnen Silberfaden durch eine Zacke, und befestigen Sie die Sterne mit Blumendrahtösen im Kranz.

Ein himmlischer Bote

Zahllose Sterne rieseln aus dem Füllhorn dieses zauberhaften Engels, der ein wenig an das Märchen vom Sterntaler erinnert. Beim Modellieren und Sternchen-Ausstechen sind Kinder gern behilflich. Dabei kommt auch schon ein bißchen Vorfreude auf das Fest auf.

Material:
Je 3 Tassen Mehl und Salz, etwa 1 1/2 Tassen Wasser, eventuell einige Tropfen Glyzerin, Strohkranz von 30 cm Durchmesser, blaues Schleifenband, Perlonschnur, Stecknadeln, Alufolie, Plakafarben in Gold, Blau, Weiß, Rot und Gelb, Pinsel, Papier, Bleistift, Sternausstecher in 3 Größen, Nudelholz, Messer, Schere.

So wird's gemacht:
Mehl und Salz vermischen, etwas Glyzerin zugeben und dann nach und nach so viel Wasser zugeben, bis eine geschmeidige Masse entsteht. Den Teig gut durchkneten; er muß sich formen lassen, ohne zu kleben. Eventuell noch etwas Mehl oder Wasser zugeben. Auf Papier eine Zeichnung des Motivs anfertigen. Die Vorlagengröße am Kranz kontrollieren.
Den Teig 2 cm dick ausrollen, die Zeichnung auflegen und die Kontur mit dem Messer nachziehen. Nehmen Sie die Vorlage ab, und schneiden Sie das Motiv aus. Das Füllhorn aus spitz zulaufenden Salzteigwülsten plastisch aufbauen; dabei die Unterlage mit Wasser befeuchten, das als »Klebstoff« dient. Ein dünner Wulst bildet die Füllhornöffnung. Etwa vierzehn Sterne ausstechen und mit Wasser in die Öffnung kleben. Einen Ärmel für den Engel zusätzlich zuschneiden, die Kanten abrunden und aufsetzen. Flügel mit einem Modellierholz oder Messer strukturieren und aus kleinen Wülsten und geflochtenen Zöpfen die Frisur fertigstellen. Elf verschieden große Sterne ausstechen und in jeweils eine Zacke ein Loch stechen.
Legen Sie alle Teile auf Alufolie, und härten Sie sie im Backofen: zwischen zwei und vier Stunden bei 100 Grad, dann noch ein bis zwei Stunden bei 150 Grad. Der Salzteig darf an den Rändern nicht dunkel werden. Die ausgekühlten Teile bemalen.
Den Strohkranz mit Schleifenband umwickeln, die einzelnen Sterne auffädeln und mit Stecknadeln anbringen. Den Engel mit

Perlonschnur an mehreren Punkten gut am Kranz festbinden. Erst danach das Band zum Aufhängen um den Kranz wikkeln; dabei die Enden zu einer Schleife binden.

Traum in Blautönen

Leuchtendes Blau in Verbindung mit wenig Lila macht dieses traumhafte Gesteck zum Blickfang Ihres Zimmers. Silberner Glimmer gibt ihm seinen verführerischen Glanz. Streuen Sie zusätzlich einige Paillettensternchen auf den Tisch. Das macht Ihre Weihnachtsdekoration noch exklusiver. Verabschieden Sie das alte und begrüßen Sie das neue Jahr gebührend – mit diesem Gesteck beispielsweise, das sich auf einem Silvestertisch hervorragend macht.

Material:
Flache Schale, Blumendraht, etwas Knete, Steckmoos, 2 verschieden hohe Kerzen, blaues Moiré- und Folienband, 3 silberne Wedel, 1 Dose Silberflitter zum Sprühen (möglichst umweltfreundliches Spray benutzen), blaue Kugeln mit Flitter, lilafarbene Kugeln, Oasis, Efeu oder andere Pflanzen mit Blattwerk.

So wird's gemacht:
Zunächst die beiden Kerzen mit Knete in der Schale befestigen, dann den Rest mit gut angefeuchtetem Steckmoos ausfüllen. Binden Sie aus den Bändern große Schleifen, und drahten Sie diese an. Zuerst die Zweige, anschließend die Schleifen und zum Schluß die angedrahteten Kugeln arrangieren. Überziehen Sie das Gesteck dünn mit Silberglimmer, dann erst die Silberwedel anbringen. Achten Sie darauf, daß das gesamte Gesteck niedriger als die Kerzen ist und lediglich ein bis zwei Zweige über diese hinausragen.

Filigranes Gesteck mit Engeln

Flieder mit Gold wirkt sehr festlich und wird deshalb in der Vorweihnachtszeit gern verwendet. Korallen – für ein Adventsgesteck sicherlich ungewöhnlich – verleihen ihm einen filigranen Charakter.

Material:
1 Korkscheibe von 15 cm Durchmesser, beglimmerte Korallen, Dekoband, Brokat-Rosensträußchen, Mini-Sternengirlande, Pailletten, Satin-Weihnachtsengel, getrocknete Blätter in dunklem Flieder, Farnblätter, Tannenzweig und Stripgras, nach Wunsch auch künstlich (von Rayher, Bastelgeschäft), fliederfarbene durchgefärbte Kerze, Steck-Kerzenhalter, umweltfreundliches Goldspray oder Goldfarbe, Steckmoos, Klebstoff.

So wird's gemacht:
Die Korkscheibe mit Goldfarbe oder -spray überziehen. Wer mit Spray arbeitet, sollte dies möglichst im Freien, zumindest aber bei geöffnetem Fenster tun. Ebenso das Stripgras und Farnblatt, falls Sie keine goldenen Teile bekommen, entsprechend anmalen. Befestigen Sie die Kerze auf der Korkscheibe, und kleben Sie Steckmoos auf. Als erste werden die Korallen, danach Tannenzweige, Farnblätter und das Brokatsträußchen angebracht. Binden Sie eine Schleife, und drahten Sie diese zum Einstecken an. Jetzt stecken Sie das Stripgras in das Steckmoos und kleben die Blätter auf. Zum Schluß die drei Engel anbringen und einzelne Paillettensterne aufkleben.

Kleines Adventsgesteck

Nicht immer reicht der Platz auf dem Tisch für einen großen Kranz oder ein üppiges Adventsgesteck. Dann müßte jedesmal, wenn sich die Familie trifft, das Wichtigste beiseite gestellt werden. In diesem Fall sollten Sie sich für ein kleines Gesteck entscheiden. Mit einer schön dekorierten Kerze auf dem Schreibtisch, der in der Regel für Kränze zu klein ist, holen Sie ein bißchen Weihnachtsstimmung ins Büro.

Tannenzweige werden schnell trocken. Deshalb sollten Sie echte Zweige in Steckmoos arrangieren und dieses immer gut feucht halten. Eine Alternative hierzu sind künstliche Zweige.

Material:

Weidenteller als Unterlage (hier mit 20 cm Durchmesser), Steckmoos und Steck-Kerzenhalter, Sternchenkette, Champignons, verschiedene Zwerge, dicke rote Kerze, Tannen- und Thujazweige.

So wird's gemacht:

Legen Sie Steckmoos auf den Teller, und feuchten Sie es für echte Zweige gut an. Die Zweige einstecken und in der Mitte den Kerzenhalter mit Kerze befestigen. Die Sternchenkette wird lose aufgelegt. Danach die kleinen Champignons und Zwerge arrangieren.

Brokat und Rosenband

Recht ungewöhnlich in Materialzusammenstellung und Anordnung ist dieser Adventskranz: Goldene Rosen, Silberflechten, grüne Zweige und nicht zuletzt glänzendes rotes Band mit einem klassischen Rosenmuster werden hier nebeneinander eingesetzt. Kleine Schaukelpferdchen aus Holz und rote Kerzen machen den asymmetrisch aufgebauten Kranz lieblicher. Wagen Sie sich ruhig an diese unkonventionelle Idee, die in einer rustikal eingerichteten Wohnung völlig neue Akzente setzt.

Material:

Strohkranz von 35 cm Durchmesser, rotgrundiges Dekoband mit goldenem Rosenmuster, Tannengirlande, 4 Steck-Kerzenhalter von 6 cm Durchmesser, 2 Schaukelpferdchen (von Rayher, Bastelgeschäft), 4 rote Kerzen, Blumendraht, Stecknadeln.

So wird's gemacht:

Den Strohkranz mit Dekoband umwickeln, dabei Anfang und Ende mit Stecknadeln auf der Unterseite fixieren. Umwickeln Sie einen Teil des Kranzes mit Tannengirlande, und verteilen Sie dann die Kerzenhalter. Bringen Sie jetzt auf einem Kranzteil Silberflechte an. Brokatsträußchen und rote Beeren werden in den nächsten Abschnitt gesteckt. Hierbei können Sie noch kleine Tannenspitzen mitverwenden. Zum Anbringen der Teile dienen die jeweiligen Stiele. Notfalls werden diese mit Blumendraht verstärkt. Binden Sie eine üppige Schleife, und drahten Sie sie an. Die Schleife sitzt am Ende des Tannenabschnittes. Zum Schluß die Kerzen, dann die Schaukelpferdchen aufsetzen. Sie können die Pferdchen festkleben oder mit Blumendraht fixieren, wenn der Kranz öfter bewegt wird.

Rosa, Weiß und Glas

Der klare, sachliche Eindruck wird durch eine Perlenkette abgeschwächt, der Adventskranz wirkt, obwohl er ohne Tanne hergestellt ist, zart und weich. Dekorieren Sie das Umfeld des Kranzes mit Glaskugeln und -murmeln, die Sie sowohl frei auf dem Tisch, aber auch in Gläsern verteilen.
Sie lieben es noch sachlicher? Dann sollten Sie sich den Adventskranz ohne Perlenkette anfertigen. Als Hauptfarbe kann auch ein dunkler Grünton oder ein kräftiges Türkis gewählt werden. Solche Töne lassen sich auch mit farbigen matten Murmeln in der entsprechenden Farbe unterstreichen.

Material:
1 Strohkranz, breites Satinband in Rosa (etwa 5 m), 1 Rolle Klarsichtfolie, nach Wunsch irisierend, 4 Kerzenhalter und Kerzen in Rosa, 1 weiße Perlenkette, Glaskugeln, Stecknadeln, etwas Blumendraht, Schere.

So wird's gemacht:
Umwickeln Sie den Strohkranz mit Satinband; Anfang und Ende mit Stecknadeln auf der Kranzunterseite befestigen. Die Folie in etwa 15 cm breite Streifen schneiden, jeden Streifen etwas zusammenraffen und um den Kranz legen. Dabei darauf achten, daß alle Anfangs- und Endstücke unten liegen. Diese werden wieder mit Stecknadeln gesichert. Zum Schluß bringen Sie die Kerzenhalter in gleichmäßigen Abständen an und legen die Perlenkette um den Kranz. Die Kugeln werden mit Blumendraht am Kranz befestigt.

Feierlich in Lila mit Pink

Dunkles Lila ist neben Rot die am meisten benutzte Farbe der Weihnachtszeit. Kein Wunder: Lila verbreitet eine feierliche Stimmung, die man ja gerade im Advent und an Weihnachten liebt. Mit einem intensiven Pink können Sie die Farbe Lila unterstützen: Die Wirkung bleibt feierlich und edel, wird aber frischer.

Material:
1 Strohkranz von 30 cm Durchmesser, Plastikband oder Schnur und Tannengrün oder ein fertig gebundener Kranz, Blumendraht, 4 dicke lilafarbene Kerzen und Kerzenhalter, 3 m Crached-Ice-Band in Pink und 2 m in Lila (Dekorationsgeschäft), 4 große Glitzersterne, 16 Kugeln, Glitzersternchen, alles in Pink, umweltfreundlicher Klarlackspray, Klebestreifen.

So wird's gemacht:
Wie Sie einen Kranz selbst binden können, lesen Sie auf Seite 60. Schneiden Sie vier Rechtekke des pinkfarbenen Bandes ab, und falten Sie diese ziehharmonikaartig. Über die Mitte Blumendraht legen, einen großen Stern befestigen und die Drahtenden verdrehen. Die Schmalkanten zusammenfassen und von hinten mit Klebestreifen aneinanderkleben. Jeweils vier Schleifen in Pink und Lila binden und auf jede pinkfarbene eine lilafarbene setzen. Die Schleifen mit Draht verbinden und die Drahtenden miteinander verdrehen.
Bestimmen Sie den Stand der Kerzen, stecken Sie sie aber noch nicht in den Kranz. Zwischen den Kerzen werden Sternchen auf den Kranz gestreut und mit Klarlackspray überzogen. Nach dem Trocknen lose Sterne vorsichtig abklopfen. Jetzt die Kerzenständer mit den Kerzen in den Kranz stecken und davor die Schleifen befestigen. Bringen Sie die Fächer mit den Sternen an, und stecken Sie hinter jede Kerze drei zusammengedrahtete Kugeln. Auf der Kranzaußenseite unter jeden Stern eine einzelne angedrahtete Kugel setzen.

Weihnachtliches aus Salzteig

Zur Adventszeit gehört auch das gemeinsame Anfertigen von Dingen – seien es nun selbstgemachte Geschenke, Plätzchen oder Schmuck für die Wohnung. Gerade für Kinder ist dieser Teil der Vorbereitung auf das Fest sehr wichtig. Nicht bei allem können die fleißigen Gesellen mithelfen, wohl aber beim Arbeiten mit Salzteig. Das Schöne an Herz, Blumenkörbchen und Zopf ist, daß Sie die Kunstwerke sogar nach Weihnachten an ihrem Platz lassen können.
Kleinere Kinder haben Schwierigkeiten beim Herstellen der feinen Blüten. Lassen Sie sie deshalb eigene Kreationen zaubern. Und wenn's ganz schwierig wird, helfen Sie mit.

Material:
Für den Salzteig Mehl, Salz und Wasser (siehe Seite 64), Bastelfarben und Pinsel oder Lebensmittelfarben, nach Wunsch Klarlack, kleines Küchenmesser, eventuell 1 Modellierbesteck.

So wird's gemacht:
Stellen Sie nach den Angaben auf Seite 64 einen geschmeidigen Teig ohne Glyzerin her. Salzteig kann mit Lebensmittelfarbe direkt gefärbt werden: Teilen Sie den Teig, und drücken Sie in die Mitte jedes Teigballens ein Loch. Einige Tropfen Lebensmittelfarbe in das Loch geben und den Teig gut durchkneten. Ist die Farbe zu hell, wiederholen Sie den Vorgang. Es ist auch möglich, die Teile nach dem Trocknen mit Bastelfarbe zu bemalen.
Modellieren Sie die gewünschten Motive. Zum Aufsetzen von Blüten, Blättern und anderen Details diese auf der Unterseite mit wenig Wasser befeuchten und dann vorsichtig auf das Hauptteil drücken. Arbeiten Sie für das Herz eine etwa 2 bis 4 cm dicke Herzform, auf die die Blüten und Blätter gesetzt werden. Mit Modellierhölzern oder einem Messer können Sie Strukturen in Körbchen und Blätter drücken.
Die fertigen Teile im Backofen trocknen (siehe Seite 64). Wer möchte, kann seine Kunstwerke mit Klarlack überziehen.

Kerzenständer aus Sperrholz

Das warme Licht von Kerzen gehört ebenso zur Adventszeit wie der Teller mit Nüssen und Orangen. Verteilen Sie auf Fensterbänken, Regalen, Tisch und Kommoden mehrere Kerzen, und schalten Sie nur eine Lampe zusätzlich ein. Das Zimmer bekommt so eine wunderschöne, sehr behagliche Atmosphäre.
Sie können die Kerzen in gekaufte Kerzenständer unterschiedlicher Höhe stellen. Ausgefallener sind selbstgemachte Kerzenständer. Die abgebildeten Teile können größere Kinder selbst mit der Laubsäge herstellen. Zumindest werden sie beim farbigen Gestalten gern behilflich sein.

Material:
6 mm dicke Sperrholzreste (25 x 30 cm für den Schneemann und 45 x 30 cm für den Nikolaus), Plakafarben, Klarlack, Pinsel, Holzleim, für jedes Motiv 1, für den Nikolaus 2 Holzkerzenständer, Laubsäge, Schleifpapier, Pfeifenreiniger, kleine Holzperle und Stoffrest für den Nikolaus, Kerzen, Papier, Bleistift, Zirkel.

So wird's gemacht:
Entwerfen Sie Ihr Motiv auf Papier. Der Nikolaus mit seinem kleinen Esel steht auf einer Wolke, der Schneemann auf einem runden Schneeball. Sägen Sie die Bodenplatten und Figuren zu, und glätten Sie die Sägekanten. Alle Teile beidseitig ein- bis zweimal weiß grundieren und nach dem Trocknen die Details mit einem weichen Bleistift vorzeichnen. Nachdem Sie alle Teile farbig bemalt haben, leimen Sie sie auf die Bodenplatte. Aus Stoffresten einen Sattel für den Esel zuschneiden und einen Rucksack für den Nikolaus nähen. Holzkerzenständer auf einen zugesägten Stern leimen oder aus Buchecker-Hüllen einen Kerzenständer fertigen. Der Esel bekommt nach dem Lackieren seinen Sattel und beidseitig einen Kerzenständer. Eine rot bemalte Holzperle als Nase auf den Nikolaus und den Pfeifenreiniger als Schwanz an den Esel kleben. Alles mit Klarlack überziehen und den Sack des Nikolaus an dessen Hand festbinden.

Weihnachtsdecke

Es ist nicht sehr aufwendig, einen Raum weihnachtlich zu gestalten. Mit einer Tischdecke (von Apart) beispielsweise und wenigen Accessoires zaubern Sie schnell die ruhige Stimmung der Vorweihnachtszeit: Je nach persönlichen Vorlieben wählen Sie eine weiße Decke mit Weihnachtsmotiven oder entscheiden sich für eine kräftige Farbe, aber nicht Knallrot. Über die Decke legen Sie kreuzweise zwei lange breite Bänder. Für die gezeigte Decke wurden breite Silberbänder gewählt. Sie können bei Rot oder Blau helle Bänder verwenden, vielleicht mit aufgedrucktem oder gesticktem Weihnachtsmotiv. Mehrere Kerzen und ein kleines Arrangement aus Tannenzweigen und Kugeln auf dem Tisch laden geradezu zu einer gemütlichen Tasse Tee ein.

Mit einem entsprechenden Duft unterstreichen Sie übrigens das Ganze. Er sollte nicht zu aufdringlich, sondern sehr zart und dezent sein. Stecken Sie beispielsweise nach altem Brauch Nelken in eine Orange. Oder legen Sie in ein kleines Schälchen Orangenschalen, Nelken und ein wenig Zimt. Einen angenehmen Duft verbreiten auch Riechöle, die es in ganz unterschiedlichen Aromen gibt. Sie werden in spezielle Duftlampen gefüllt und verdampfen durch die Hitze eines Teelichts.

Rauschgold-Engel in Blau

Wer kennt ihn nicht, den guten alten Rauschgold-Engel? Auch heute noch versprüht er seinen Charme im Weihnachtsfenster, allerdings in etwas anderen Farben: Metallfolie in einem kräftigen Blau und zwei Kerzen geben ihm ein ganz neues Aussehen.

Material:
1 Holzscheibe von 10 bis 12 cm und 2 Holzscheiben von 4 cm Durchmesser, 2 x 2 cm große Vierkanthölzer von 25 und 28 cm Länge, 2 Holzschrauben, 2 Nägel (4 cm lang), Holzleim, Wachs-Engelskopf, doppelseitige Metallfolie in Blau-Gold, je 1 Gold-Tortendeckchen von 36 cm, 24 cm und 10 cm Durchmesser, Engelshaar, Goldbortenrest, Klebesternchen, Alleskleber, Blumendraht, Zwirn, 2 Kerzen.

So wird's gemacht:
Für das Gerüst auf die Enden der langen Leiste je eine kleine Holzscheibe leimen und von unten so mit einem Nagel befestigen, daß dieser als Kerzendorn oben übersteht. Die kurze Leiste senkrecht in die Mitte der großen Scheibe leimen und schrauben, darauf mittig die vorbereitete Leiste leimen und schrauben, so daß ein T entsteht. Den Engelskopf mit Draht am Mittelpunkt der Querleiste befestigen.
Für den Unterrock die lange Kante eines 60 x 27 cm großen Folienstückes 2 cm nach außen knicken, dann die Folie ziehharmonikaartig in 1,5 cm breite Querfalten legen. In die Oberkante einen Zwirnsfaden einziehen, den Rock in der hinteren Mitte zusammenkleben und auf das Gerüst ziehen. Raffen Sie den Rock mit dem Faden zusammen, und binden Sie ihn fest. Aus dem großen Tortendeckchen einen Mittelkreis von 6 cm Durchmesser ausschneiden und das Deckchen aufschneiden. Das Deckchen je nach Musterbogen in große Falten legen und über dem Unterrock befestigen. Für die Ärmel zwei 9 cm lange und 15 cm breite Folienstücke an den Außenkanten fransig schneiden, um die Leistenenden wickeln und festkleben. Die Kerzenhalter mit 14 x 3 cm großen, fransig eingeschnittenen Folienstreifen umkleben. Für den Unterkragen ein 10 cm breites, 56 cm langes Folienstück an der Unterkante 1 cm nach außen knicken, dann in 1 cm breite Falten legen und wie den Unterrock am Hals befesti-

gen. Das kleine Tortendeckchen aufschneiden, einen 3 cm großen Mittelkreis ausschneiden und um den Hals kleben. Für die Flügel das mittelgroße Tortendeckchen mustergerecht teilen, auf Folienstücke kleben und diese so zuschneiden, daß sie 1 cm größer sind. Diese Folienkanten fransig zuschneiden und die Flügel am Rücken festkleben. Zum Schluß das Engelshaar auf den Kopf kleben und mit einem Bortenstreifen und Stern verzieren. Auf den goldenen Oberrock selbstklebende Sternchen setzen und die Kerzen auf die überstehenden Nägel stecken.

Filigrane Baumanhänger

Was wäre Weihnachten ohne Duft von Tanne? Schon vor dem Heiligen Abend können Sie Tannenzweige in einer bauchigen Vase auf den Tisch stellen. Vervollständigt wird der Strauß durch Schleifen, Perlenketten und kleine selbstgemachte Anhänger. Die filigranen Anhänger des abgebildeten Straußes sind aus Holz – es gibt sie fertig zu kaufen: Sie werden eigentlich beim Bauen von Uhren benutzt. Farbig bemalt wirken sie in einem Strauß und am Weihnachtsbaum mindestens genauso schön.

Material:
Verschiedene Holzzierteile für Uhrgehäuse, Plakafarben, Klarlack, Pinsel, feiner Lackmalstift in Gold, Straßsteine, Klebstoff, Holzbohrer.

So wird's gemacht:
Ein kleines Loch für die Aufhängung in jedes Teil bohren, dann die Zierteile beidseitig in der gewünschten Farbe grundieren. Nach dem Trocknen mit dem Lackmalstift Linien, Punkte und Ornamente aufmalen. Zum Schluß alle Teile lackieren und Straßsteine aufkleben. Benutzen Sie zum Aufhängen Goldfaden oder -kordel, und dekorieren Sie den Strauß zusätzlich mit üppigen Goldschleifen und goldenen Perlenketten. Sie können auch rotes Kräusel- und Schleifenband benutzen.

Baumanhänger nach alten Vorbildern

Sie sind aus Ton und erinnern an Omas Weihnachtsbaum: Mit Herzen, Nikolaus, Schaukelpferdchen, Engeln und vielen roten Schleifen verwandeln Sie Ihren Weihnachtsbaum in ein wahres Prachtstück. Daß dazu nur echte Kerzen passen, versteht sich von selbst.

Material:
Kautschuk-Negative, Westerwälder Ton, Decorfin-Farben und -Firnis, Pinsel, Pinselreiniger.
Sie können aus Salzteig oder Modelliermasse ebenfalls Baumanhänger fertigen. Verwenden Sie möglichst Kautschuk-Formen, die weich sind und andere Materialien abweisen. Wer Holzmodel benutzt, benötigt zusätzlich Mehl (siehe unten).

So wird's gemacht:
Den Ton zügig verarbeiten, da er rasch trocknet. Drücken Sie die Tonmasse in die Form, und holen Sie sie sofort wieder heraus. Die Figuren auf einem Brett trocknen lassen. Im lederharten Zustand mit einem Stäbchen ein Loch eindrücken, dann aushärten lassen. Der Schrühbrand erfolgt bei 900 Grad. Vor dem Bemalen die Teile mit einem weichen, nicht fusselnden Lappen abwischen. Decor-Firnis verleiht den Figuren ihren Glanz.
Holzmodel werden mit Mehl ausgestreut. Klopfen Sie überflüssiges Mehl ab. Am besten Salzteig verwenden und diesen zu einer etwa 1 cm dicken Platte ausrollen. Das Model in den Teig drükken und wieder abheben. Mit einem Messer können Sie die Konturen nachschneiden. Lassen Sie den Salzteig einige Tage an der Luft in einem warmen Raum trocknen. Eilige legen die Teile in den Backofen (siehe Seite 64). Die Figuren können mit Bastelfarben bemalt und nach dem Trocknen mit Klarlack überzogen werden. Bevorzugen Sie hierfür aber Mattlack.

Baumschmuck aus Folie

Kugeln können Sie nicht selbst herstellen, wohl aber transparente Baumanhänger, die wie mit Folie gefüllte Kugeln wirken – nur eben eckig sind. Wer sich für diese Idee entscheidet, braucht lediglich noch ein paar farblich passende Kugeln, um einen ungewöhnlichen Weihnachtsbaum zu gestalten.

Material:
Feste Folie (Büro- und Zeichenbedarf), Bastelmesser, Lineal, Schere, Bleistift, Karton, Folienbänder oder Lametta, Locher, Kreppklebeband, Glanzkordel.

So wird's gemacht:
Übertragen Sie die Zeichnung, und vergrößern Sie sie auf dem Fotokopierer oder mit Hilfe eines Rasters. Die Kantenlänge der Dreiecke beträgt 6 cm. Ein entsprechend großes Folienstück darauflegen und mit Klebestreifen fixieren. Schneiden Sie die Form entlang der Außenkontur mit dem Bastelmesser aus; dabei ein Lineal oder Holzstück an die geraden Linien legen. Die inneren Linien am Lineal vorsichtig knicken. Markierungspunkte lochen und die Teile mit Folienstreifen oder Lametta zusammenbinden. Beachten Sie die Nummern in der Zeichnung: Die gleichen Zahlen treffen immer aufeinander. Nach dem Füllen mit Folie oder Lametta die noch offene Seite mit der Kordel schließen, dabei ein langes Ende zum Aufhängen stehen lassen. Sie können in dieser Weise auch kleine Würfel, Pyramiden oder jede beliebige Form anfertigen.

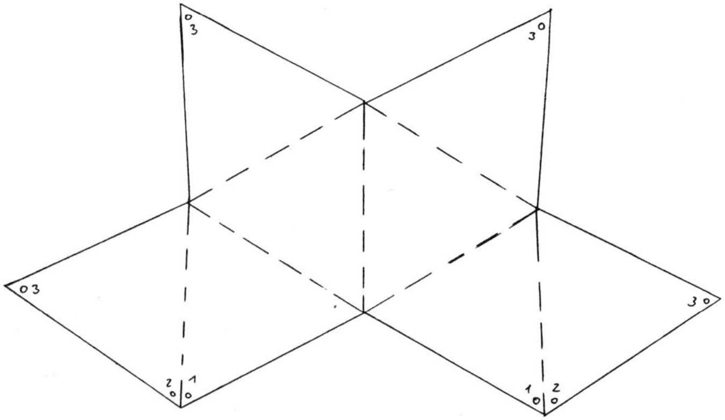

Prachtvoller Weihnachtsbaum

Nichts ist wichtiger als der Weihnachtsbaum: Reich mit Kerzen und Schleifen geschmückt, prägt er das Ambiente des festlichen Heiligen Abends und der folgenden Tage. In seinem Licht zu sitzen verzaubert nicht nur die Kinder.

Am schönsten wirken immer noch echte Wachskerzen. Und wenn Sie einige Grundregeln beachten, brauchen Sie auch keine Angst vor einem brennenden Fiasko zu haben: Lassen Sie niemals Kerzen unbeaufsichtigt brennen! Dies gilt übrigens für alle Kerzen – ob am Baum oder auf dem Tisch. Beim Anbringen der Kerzen achten Sie darauf, daß sich nicht unmittelbar über dem Docht und somit der Flamme ein Zweig oder eine Dekoration befindet.

Kinder lieben Feuer – es scheint schon fast eine magische Anziehungskraft auf sie auszuüben. Wer dieses weiß und berücksichtigt, geht jedem Ärger aus dem Weg. Die Kleinen dürfen selbstverständlich beim Ausblasen von unten nach oben tatkräftig helfen. Aber mit einem erleuchteten Baum allein gelassen zu werden, gleicht beinahe der Aufforderung, die Faszination der Flamme »unter die Lupe« zu nehmen. Denken Sie übrigens auch daran, die Kerzen in der richtigen Reihenfolge anzuzünden – von oben nach unten, damit Sie nie gezwungen sind, über eine brennende Kerze zu greifen. Beachten Sie die Tips, dann können Sie sich unbesorgt dem Schein des echten Kerzenlichtes hingeben.

Prachtvoll geschmückt, aber nicht zu bunt, ist der Baum rechts: Lediglich Pappmaché-Kugeln (von Krömer-Zolnier) mit einem Nikolaus-Motiv und einige Pappmaché-Herzen werden zwischen die vielen roten Schleifen gehängt. Rote Kerzen in goldenen Ständern und statt einer Spitze eine riesige Schleife komplettieren den traumhaften Weihnachtsbaum.

Inhaltsverzeichnis